카카오프렌즈

카카오프렌즈는 저마다의 개성과 인간적인 매력을 지닌
라이언, 무지, 어피치, 프로도, 네오, 튜브, 콘, 제이지, 춘식 총 아홉 명의 캐릭터가 함께합니다.
서로 다른 성격에 하나씩 콤플렉스를 가지고 있는 아홉 가지 캐릭터는 독특하면서도
우리 주변에서 쉽게 볼 수 있는 사람들의 모습을 그대로 반영해 많은 사랑을 받고 있습니다.
카카오프렌즈의 위트 넘치는 표정과 행동은 폭넓은 공감대를 형성하고 유쾌한 웃음을 선사합니다.

라이언 RYAN

갈기가 없는 수사자 라이언.
덩치가 크고 표정이 무뚝뚝하지만 여리고 섬세한 감성을 지닌 반전 매력의 소유자.
원래 아프리카 둥둥섬 왕위 계승자였으나, 자유로운 삶을 동경해 탈출!
카카오프렌즈의 든든한 조언자 역할을 하고 있다.

춘식 CHOONSIK

라이언이 길에서 주워 온 길고양이. 집 거실까지 들어와서야 상황을 파악했다.
서로 취향이 잘 맞는지 라이언의 집에 그대로 눌러앉아 버렸다.
어딘가 지켜 주고 싶은 귀여운 룸메이트 춘식이가 있어 라이언의 퇴근길이 쓸쓸하지 않다.

어피치 APEACH

유전자 변이로 자웅동주가 된 것을 알고 복숭아나무에서 탈출한 악동 복숭아 어피치!
애교 넘치는 표정과 행동으로 귀요미 역할을 한다.
매력적인 뒷모습으로 사람들을 홀리지만, 성격이 매우 급하고 과격하다.

튜브 TUBE

겁이 많고 마음 약한 오리 튜브.
작은 발이 콤플렉스여서 오리발을 착용한다. 미운오리새끼의 먼 친척뻘이다.
극도의 공포를 느끼거나 화가 나면 입에서 불을 뿜으며 밥상을 뒤엎는(?) 미친오리로 변신하니 조심해야 한다.

네오 NEO

자기 자신을 가장 사랑하는 새침한 고양이 네오.
쇼핑을 좋아하는 패셔니스타다. 하지만 도도한 자신감이 단발머리 가발에서 나온다는 건 비밀!
공식 연인 프로도와 아옹다옹하는 모습이 사랑스럽다.

프로도 FRODO

잡종견이라는 태생적 콤플렉스를 가진 부잣집 도시 개 프로도.
네오와 공식 커플로 알콩달콩 애정 공세를 펼친다.

무지 MUZI

호기심 많고 장난기 가득한 무지.
그 정체는 사실 토끼 옷을 입은 단무지다.
토끼 옷을 벗으면 부끄러움을 많이 탄다.

콘 CON

악어를 닮은 정체불명의 콘.
카카오프렌즈에서 가장 미스터리에 싸여 있다.
알고 보면 무지를 키운 능력자기도 하다.

제이지 JAY-G

땅속나라 고향에 대한 향수병이 있는 비밀 요원 제이지!
선글라스와 뽀글뽀글한 머리가 인상적이며 힙합 가수 JAY-Z의 열혈팬이다.
냉철해 보이는 겉모습과 달리, 알고 보면 외로움을 많이 타는 여린 감수성의 소유자다.

그 외 등장인물

지키리

히어로를 자칭하는 의욕 넘치는 소년.
그러나 카카오프렌즈의 활약을 시샘하느라
정작 구조 현장에서는 실수 연발이다.
덕분에 '레스큐맨'이라는 스승님에게 항상 혼만 난다.
구조대원이었던 아버지가 남긴 '매뉴얼'을 철석같이 따르지만,
매번 잘못 읽어 이상한 정보만 퍼트리는 골칫거리다.

세이프고

천재 박사가 세이프 뱅크에 남긴 최첨단 안전 인공지능…이었으나
정체불명의 침입자 때문에 데이터가 모조리 삭제되었다!
지금은 아주 기초적인 지식만 남은 상태다.
글로벌 안전 요원 카카오프렌즈의 도움을 받아
조금씩 안전 데이터를 되찾고 있다.
초기화된 탓에 인공지능답지 않게 맹한 편이다.

레스큐맨

지키리가 모시는 엄격한 스승님.
복면을 쓰고 있어서 그 정체는 수수께끼다.
언제나 화면 너머에서 어리바리한 지키리를 불같이 야단친다.
구조 지식과 능력은 상당한 것 같은데,
도대체 왜 카카오프렌즈를 견제하는 걸까…?

차례

1장 기상 데이터를 모으러 출동! 7
태풍이란 무엇일까?

2장 태풍 꼬마, 습격 29
태풍이 온다! 어떡하지?

3장 벼락과 함께 사라지다?! 51
번쩍! 우르르 쾅쾅! 천둥 번개다!

4장 고요한 태풍의 눈 73
태풍을 어떻게 알 수 있을까?

5장 수상한 히어로, 레스큐맨 95
태풍은 어떻게 생겼을까?

6장 태풍이 지나간 자리 117
앞으로 태풍이 더 강해진다고?

부록 _ 컬러링: 카카오프렌즈, 태풍 안전을 부탁해!

안전을 부탁해! GOGO 카카오프렌즈 — 지난 줄거리

　세상의 모든 안전 데이터가 저장된 세이프 뱅크와 인공지능 세이프고! 그런데 정체불명의 침입자가 나타나 데이터를 모조리 지워 버렸다고?! 걱정 마시라, 글로벌 안전 요원 카카오프렌즈가 있으니까!
　첫 임무는 규모 7의 대지진! 갈라지는 땅, 휘청이는 건물, 밀려오는 산사태까지… 흔들리는 도시에서 용감히 시민들을 구한 카카오프렌즈. 그런데 사사건건 구조 활동을 방해한 소년, 지키리의 정체는 무엇일까? 설마 세이프 뱅크를 엉망으로 만든 범인과 관계가 있는 걸까…?
　한편, 지진이 지나간 든든시에 심상치 않은 바람이 불어오는데….
위험과 재난은 방심할 틈을 주지 않는다!
　카카오프렌즈, 이번에도 안전을 부탁해!

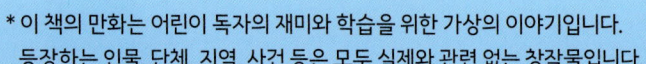

* 이 책의 만화는 어린이 독자의 재미와 학습을 위한 가상의 이야기입니다.
　등장하는 인물, 단체, 지역, 사건 등은 모두 실제와 관련 없는 창작물입니다.

1장
기상 데이터를 모으러 출동!

✿ **기상** 바람, 구름, 비, 더위, 추위 등 하늘과 공기 중에서 생기는 모든 일.
✿ **상승 기류** 하늘에서 위로 올라가 비구름을 만드는 공기의 흐름.

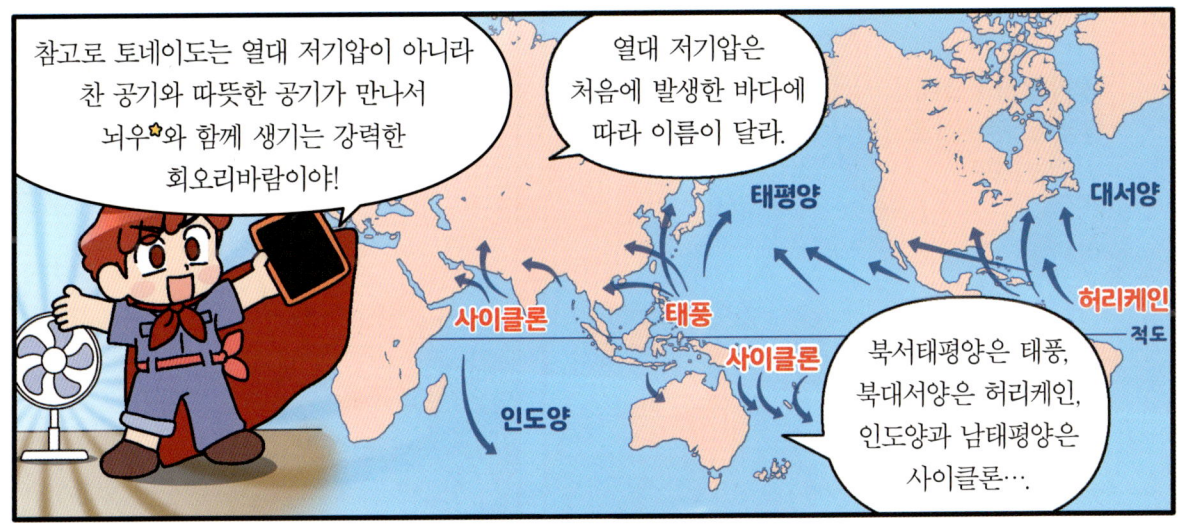

✿ **해상 기상 부이** 바다 위를 떠다니며 바다와 날씨를 관찰하는 장비.

✿자전 지구 같은 천체가 한 축을 중심으로 도는 것.

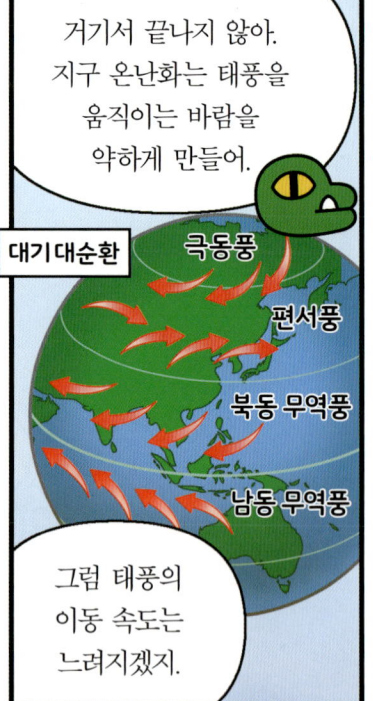

세이프고의 안전 데이터

태풍이란 무엇일까?

 태풍(颱風, typhoon)이란 따뜻한 바다에서 생겨나 많은 비와 함께 육지로 오는 아주 큰 회오리바람이에요. 덥고 습한 열대 지역 쪽 바다에서 공기가 누르는 힘, 즉 기압이 낮아지면 생기기 때문에 **열대 저기압**이라고도 해요.

> 태풍은 바다에서 오는 거야?

 맞아요. 태풍은 바닷물의 온도가 26.5℃보다 높은 열대 바다에서 자주 생겨요. 태양이 바닷물을 데우면 수증기가 증발해 하늘로 올라가요. 따뜻하고 습한 공기는 가벼워서 빠르게 올라가며 **상승 기류**를 만든답니다. 계속해서 공기가 섞이고 수증기가 풍부해지면 수많은 구름이 쌓여 커다란 **적란운(소나기구름)**을 이루어요. 또 상승 기류로 중심 쪽 공기가 위로 빠져나가 공기의 압력, 즉 **기압**이 낮아지면서 바람이 몰려들어요. 이 구름과 바람이 함께 빙글빙글 돌다가 마침내 강한 비바람을 몰고 다니는 거대한 회오리바람, 태풍이 되는 거예요.

태풍이 만들어지는 과정

태풍은 원 모양으로 빙글빙글 돌면서 움직여요. 이때 태풍이 이동하는 방향을 기준으로 왼쪽과 오른쪽의 바람 세기가 다르답니다. 우리나라가 있는 북반구 기준으로 태풍이 이동하는 방향의 왼쪽 반원을 **가항 반원**, 오른쪽 반원을 **위험 반원**이라고 불러요. 남반구에서는 그 반대예요.

    가항 반원 쪽은 비교적 바람이 약하고 파도도 덜 거칠어요. 그래서 비행기나 배가 태풍을 피할 때 조금 더 안전하게 다닐 수 있어요. 하지만 위험 반원 쪽은 바람도 몹시 세고 파도도 훨씬 더 거칠어서 비행기나 배가 피해야 하는 매우 위험한 지역이에요.

> 바다에서 생긴 태풍이 어떻게 육지까지 피해를 주는 거야?

태풍은 바람을 따라 육지까지 갈 수 있어요. 우리나라에 오는 태풍은 보통 동남아시아 근처에 위치한 북서태평양 바다에서 생겨요. 태풍은 바다에서 힘을 잃고 사라지기도 하지만, 육지에 도착하면 강한 비와 바람을 몰고 다니기 때문에 무척 위험해요. 게다가 위험 반원 쪽은 바람과 파도가 세게 몰아치고, 바닷가와 가까운 육지는 강풍과 해일이 닥치기 때문에 더 큰 피해를 입을 수 있어요.

> 그럼 태풍을 없애는 방법은 없을까?

태풍을 사라지게 하는 유일한 방법은 시간이에요. 태풍도 사람처럼 태어나고 성장한 뒤에는 끝을 맞이하거든요.

    먼저 따뜻한 바다 위에서 구름이 모이기 시작하는 **형성기**에는 바람 속도가 빠르지 않아서 아직 태풍이라고 하지 않아요. 하지만 본격적으로 중심이 생기고 소용돌이 바람이 갑자기 강해지는 **성장기**부터는 태풍이라고 불러요. 그 다음 **최성기**에는 태풍이 영향을 미치는 범위가 넓어서 아주 위험해요! 바람이 강하게 불고, 비가 쏟아지고, 폭풍과 해일이 함께 오기도 해요. 마지막 **쇠약기**에는 서서히 약한 비구름 덩어리가 되다가, 결국에는 기운을 잃고 사라진답니다.

    태풍이 사라지는 이유는 육지 안쪽으로 이동할수록 힘의 원천인 수증기를 얻을 수 있는 따뜻한 바다에서 멀어지기 때문이에요. 또 육지 쪽 울퉁불퉁한 땅과 산, 건물 등에 부딪히며 회오리의 힘이 약해지거든요. 마지막으로 많은 비를 뿌리느라 수증기를 다 써 버린 탓도 있고요.

> 다른 나라에서도 태풍이 일어나?

태풍, 그러니까 열대 저기압은 전 세계 곳곳에 나타나요. 처음 발생한 지역이 어디였는지에 따라 다른 이름으로 불러요.

먼저 우리에게 익숙한 **태풍**은 북서태평양에서 만들어져 우리나라와 동아시아 지역에 영향을 주는 거예요. 북아메리카 근처의 북대서양과 북동태평양, 중앙아메리카와 남아메리카 근처의 카리브해에서 발생한 것은 **허리케인**이라고 해요. 마지막으로 인도양, 남태평양, 그리고 호주 근처 바다에서 생긴 것은 **사이클론**이라고 부른답니다.

태풍, 허리케인, 사이클론은 발생한 지역만 다를 뿐 따뜻한 바다에서 생기는 커다란 열대 저기압이라는 점은 모두 똑같아요.

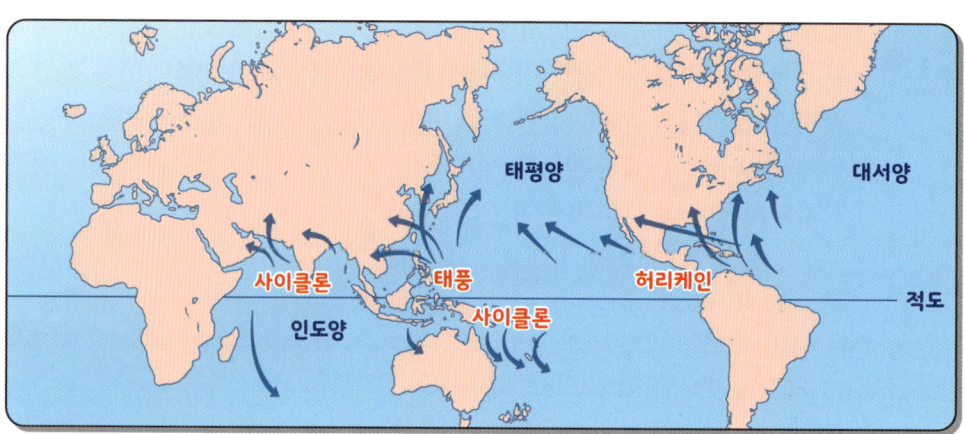
전 세계의 다양한 열대 저기압

물론 이 세 열대 저기압에도 차이점은 있어요. 지역이 다르기 때문에 영향을 주는 방법도 조금씩 달라요. 태풍은 넓은 지역에 피해가 퍼지지만, 허리케인은 좁은 범위에 피해가 집중되는 편이에요. 사이클론은 큰 폭우와 홍수를 몰고 오는 경우가 많아요.

특히 허리케인이 육지에 다다를 때 만들어지는 **토네이도**는 하늘에서 땅으로 빠르게 내려오는 회오리바람으로, 파괴력이 엄청나요. 허리케인이 미국이나 캐나다의 넓은 평원에 도착해 차가운 공기와 따뜻한 공기를 뒤섞을 때 발생하는 경우가 많아요. 소설「오즈의 마법사」에서 도로시의 집을 통째로 날려 버린 무시무시한 회오리바람도 이 토네이도예요!

2장
태풍 꼬마, 습격

✿ **풍속** 바람의 속도.
✿ **초속** 1초 동안 얼마나 멀리 가는지 나타낸 속도.

태풍이 온다! 어떡하지?

 태풍은 강한 바람과 많은 비를 함께 몰고 오기 때문에, 여러 가지 위험과 피해를 일으킬 수 있어요.

> 태풍의 바람은 얼마나 센 거야?

 여러 나라가 함께 날씨와 기후를 연구하는 단체인 세계기상기구(WMO)는 바람의 속도, 즉 **풍속**을 기준으로 **태풍의 등급**을 정했어요. 보통 풍속이 초속 17미터를 넘으면 태풍이라고 불러요. 초속은 1초에 얼마나 멀리 가는지 속도를 나타내는 말로, 풍속이 초속 17미터면 바람이 1초에 17미터나 간다는 뜻이랍니다. 우리나라 기상청도 다음과 같이 풍속으로 태풍의 강도를 분류했어요.

풍속에 따른 태풍의 강도

- **강도 1** (약) 초속 17~24미터: 간판이 떨어질 수 있어요.
- **강도 2** (중) 초속 25~32미터: 지붕이나 기왓장이 부서질 수 있어요.
- **강도 3** (강) 초속 33~43미터: 기차가 넘어질 수 있어요.
- **강도 4** (매우 강력) 초속 44~53미터: 사람이나 큰 바위도 날아갈 수 있어요.
- **강도 5** (초강력) 초속 54미터 이상: 건물이 무너질 수 있어요.

풍속이 빠를수록 태풍의 위험도 커지는 걸 알 수 있어요. 우리나라까지 오는 태풍의 절반 정도가 강도 4의 매우 강력한 태풍이라고 해요.

2018년 초강력 태풍 망쿳으로 유리창이 깨진 홍콩의 건물

> 큰 태풍이 오면 피해도 엄청나겠구나.

 맞아요. 바람이 세게 불어 나무가 쓰러지고, 간판이나 창문, 지붕이 날아가기도 해요. 전봇대나 신호등이 기울거나 전선이 고장 나면서 전기나 통신이 끊겨 많은 문제가 뒤따르지요. 또 폭우로 도시와 농촌, 도로가 물에 잠겨 **홍수** 피해가 생겨요.

　태풍이 세찬 파도를 일으켜 바닷가도 큰 피해를 입어요. 심지어 **해일**을 몰고 와서 도로나 건물이 물에 잠길 수도 있어요.

　태풍은 자연에도 상처를 줘요. 산에 있는 나무들이 부러지고, 동물들의 보금자리가 사라지기도 해요. 많은 비로 **산사태**가 나면 흙탕물이 강으로 밀려와 강물이 오염되기도 해요.

 무엇보다도 태풍으로 많은 사람이 다치거나 죽는 것이 가장 큰일이에요. 강한 바람에 날아간 물건에 맞거나 부서진 구조물에 다치는 사람도 생겨요. 물이 갑자기 불어나서 집이나 차가 떠내려가고, 많은 사람이 목숨을 잃기도 하지요. 또 물에 잠긴 곳에 전기가 다시 들어오면 감전 사고가 발생할 수 있어요. 마지막으로 태풍이 지나가며 하수구나

배수로에 쓰레기가 가득 쌓이면 물이 오염되지요. 그러면 물이 옮기는 병인 **수인성 감염병**이 퍼질 수 있어요. 장티푸스, 콜레라, 이질 같은 수인성 감염병은 어린이나 노인처럼 몸이 약한 사람들에게 특히 위험해요.

그러니 태풍이 온다고 하면 집 안팎을 점검하고 대비하는 게 아주 중요하겠죠? 특히 하천 근처나 산사태가 일어날 수 있는 지역은 미리 대피하지 않으면 아주 위험해요. 그래서 태풍이 오기 전에는 뉴스와 기상 예보를 잘 듣고 안전한 곳으로 이동해야 해요.

그림, 태풍이 오기 전에 어떤 준비를 하면 좋을까?

먼저 바람이 들어오지 않게 창문과 문을 잘 닫고, 유리가 깨지는 걸 막기 위해 유리와 창틀 사이를 테이프로 단단히 붙여요. 창문에 안전 필름을 붙이면 더 좋아요. 또 화분이나 간판처럼 날아갈 수 있는 물건은 집 안이나 안전한 실내로 옮겨야 해요. 하수구나 집 주변의 배수로가 막혀 있으면 물이 다른 곳으로 넘쳐 집이나 길이 물에 잠길 수 있어요. 미리 물이 빠지는 곳을 살펴보고 청소하도록 해요.

그리고 태풍이 왔을 때 **절대 밖에 나가면 안 돼요!** 안전한 실내에 머무르되 창문 근처에 가지 말고, 커튼을 쳐서 만약 유리창이 깨지더라도 유리 조각이 튀지 않게 막아요. TV나 라디오, 휴대 전화로 기상 정보를 계속 확인하는 것도 중요해요. 엘리베이터는 정전되면 멈출 수 있으니 사용하지 않는 게 좋아요. 손전등, 물, 건전지, 비상식량 같은 비상 용품을 미리 챙기면 정전이 되거나 밖에 나갈 수 없을 때 도움이 될 거예요.

실제로 태풍이 왔을 때 밖에 있는 상황이라면 어떡하지?

밖에 있을 경우엔 최대한 빨리 안전한 실내로 들어가는 게 가장 좋아요. 이동할 때는 간판, 나무, 전봇대같이 쓰러질 수 있는 구조물에서 최대한 떨어지세요. 특히 하천 근처나 지하 쪽은 비가 와서 물이 불어나거나 잠길 수 있으니 절대 가까이 가면 안 돼요!

벼락과 함께 사라지다?!

✿ 마찰 전기 서로 다른 두 물체가 닿아 비벼졌을 때 생기는 전기.

번쩍! 우르르 쾅쾅! 천둥 번개다!

 태풍이 불 때처럼 비가 아주 많이 오는 날에 자주 볼 수 있는 자연현상 **번개**와 **천둥**에 대해 알아볼까요?

번개는 뭐고, 천둥은 뭐야?

 **번개**는 구름 속에서 만들어지는 전기 에너지예요. 비를 내리는 먹구름 속에서 작은 얼음 조각과 물방울이 서로 부딪히다가 전기가 생겨요. 겨울철에 빗으로 건조한 머리카락을 빗으면 생기는 **정전기 현상**과 비슷한 원리예요.

이 전기가 쌓이다가 너무 많아지면 구름 속이나 땅으로 한꺼번에 흘러 나가요. 전기가 공기 사이를 빠르게 지나가면서 빛을 번쩍! 내는 게 번개예요. 이때 공기가 엄청나게 뜨거워지고 부풀면 콰광! 하고 소리를 울리는 **천둥**이 생기는 거예요.

호주 브리즈번에 내리치는 번개

번개와 천둥은 언제나 같이 오는 거야?

맞아요. 번개를 먼저 보고 천둥을 나중에 듣는 이유는 번개는 빛이고 천둥은 소리인데, 빛이 소리보다 훨씬 빠르기 때문이에요. 빛은 1초에 30만 킬로미터, 소리는 1초에 340미터를 가니 빛은 소리보다 약 88만 배 빠른 셈이지요.

번개는 빛나는 선 하나처럼 보이지만, 실제로는 가지들이 나뉘어진 줄기예요. 그래서 하늘 멀리 번개가 여러 갈래로 번질 때 멀리 있는 소리는 우르르르~ 하면서 작게 들리고, 가까운 곳에서 생긴 소리는 콰광! 하고 크게 들리는 거예요.

번개가 전기라면, 위험하지 않을까?

모든 번개가 피해를 주는 건 아니에요. 번개는 전기가 어디로 흐르느냐에 따라 몇 가지로 나뉘어요. 구름 꼭대기와 구름 아랫부분끼리 전기를 주고받을 때 생기는 **구름 속 번개**는 가장 자주 일어나지만 잘 보이지 않아요. 서로 다른 구름끼리 전기가 오가면 **구름 사이 번개**가 생기며 하늘이 번쩍거려요. 그리고 구름에서 땅으로 전기가 흐르는 번개를 **낙뢰**라고 해요. 낙뢰는 **벼락이 떨어진다**는 말이에요. 낙뢰는 감전이나 화재를 일으킬 수 있어서 무척 위험해요!

그럼 벼락을 피하려면 어떻게 해야 할까?

번개는 하늘에서 땅으로 가는 가장 빠른 길을 찾아요. 평평한 땅에 우뚝 솟아 있는 게 있으면 가장 먼저 찾아가겠지요. 운동장처럼 탁 트인 곳에 나 혼자 서 있으면 벼락 맞기 쉬워요. 피할 곳을 찾지 못하면 무릎을 감싸고 쪼그려 앉아 있는 게 좋아요.

나무 아래로 피하는 건 절대 금지! 하늘로 높이 솟은 나무는 벼락이 떨어질 가능성이 커요. 게다가 나무는 전기가 잘 통하는 **전도체**라서 오히려 더 위험해요.

또 비가 오더라도 우산을 쓰면 안 돼요. 뾰족한 우산 꼭지에 번개가 오기 쉽고, 우산대도 전도체인 금속이나 나무로 만들어진 경우가 많아 감전되고 말 테니까요. 가장 좋은 건 안전한 실내로 빨리 피하는 것! 자동차 안도 전기를 땅으로 흘려 보내서 안전하답니다.

안전 지식을 점검해 볼까?

안전 마스터! OX 퀴즈

❶ **바닷물 온도**가 낮을수록 시원한 바람이 불어서 태풍이 잘 생긴다. ⭕ ❌

❷ 미국은 **허리케인을 없애는 실험**을 한 적 있다. ⭕ ❌

❸ **머리카락이 쭈뼛 서면** 벼락이 내리칠 수 있다는 신호다. ⭕ ❌

❹ 번개는 **바다보다 육지에서** 더 많이 친다. ⭕ ❌

❺ **사이클론**이라는 이름은 신화 속 괴물에서 따온 것이다. ⭕ ❌

정답

QUIZ ❶ ❌ : 태풍은 수온이 26.5°C 이상인 따뜻한 열대 바다에서 생기기 쉬워.

QUIZ ❷ ⭕ : 1962년부터 1983년까지 미국은 허리케인을 없애기 위해 비행기로 작은 화학 입자를 뿌리는 '스톰퓨리 프로젝트'를 진행했어. 하지만 효과가 뚜렷하지 않은 데다가 비행기 조종사에게 너무 위험해서 중단되었어!

QUIZ ❸ ⭕ : 벼락이 치기 직전에는 구름과 땅 사이에 전기가 몰려. 이 전기 때문에 머리카락이 곤두설 수 있어.

QUIZ ❹ ⭕ : 육지에서는 더운 공기가 빠르게 솟아올라서 구름이 잘 만들어지기 때문에 바다보다 번개가 더 많이 쳐.

QUIZ ❺ ❌ : 사이클론이라는 이름은 '원'을 뜻하는 그리스어에서 왔어.

고요한 태풍의 눈

✿ **침수** 자연재해로 건물이나 도로가 물에 잠기는 것.

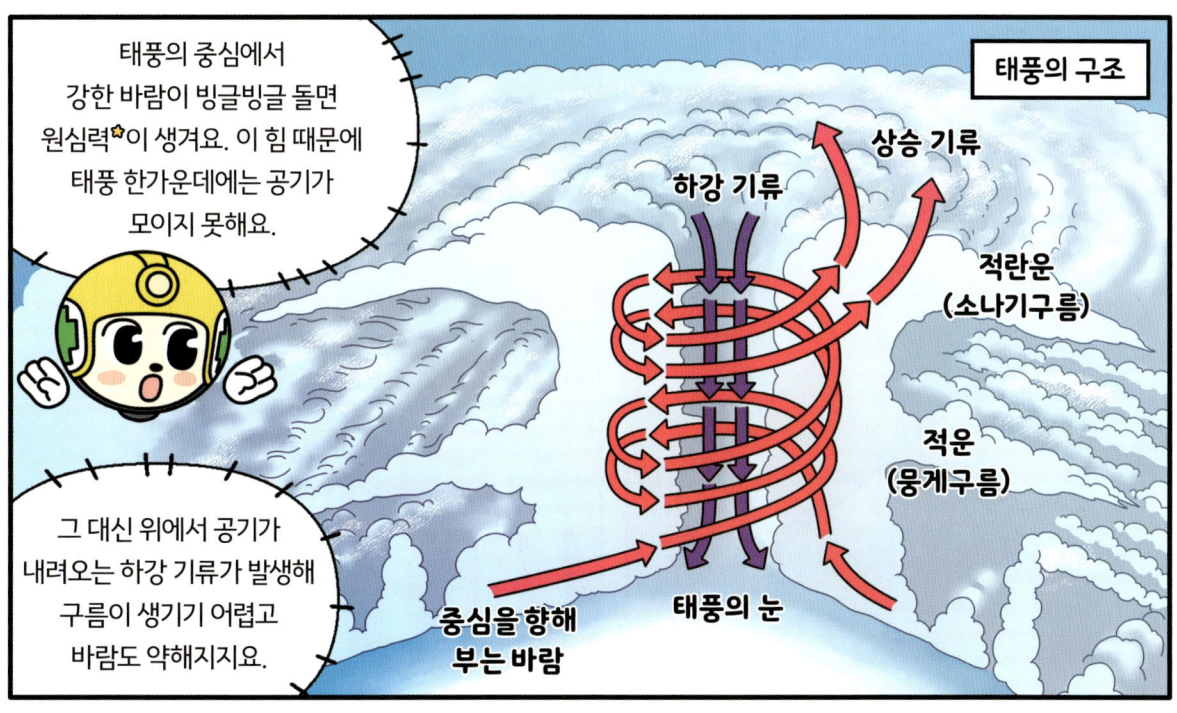

 세이프고의 안전 데이터

태풍을 어떻게 알 수 있을까?

 오래전부터 태풍은 삶과 생활 곳곳에 큰 영향을 줬어요. 그래서 옛날 사람들은 풍부한 경험과 지혜를 바탕으로 태풍을 예측했어요. 오늘날에는 과학 기술의 발전으로 훨씬 더 정확하게 태풍을 관찰하고 예상할 수 있어요.

어떤 방법으로 태풍을 미리 알 수 있을까?

 여러 가지 기상 관측 장비를 이용하고 있답니다. 대표적인 장비로 **기상 레이더**가 있어요. 주로 높은 탑이나 산 위에 설치된 기상 레이더는 눈에 안 보이는 신호인 전파를 하늘로 보내요. 비, 눈, 구름 등에 부딪혀 돌아온 전파를 분석해서 비의 세기, 구름의 위치와 이동 방향, 태풍의 중심까지 알아내요. **윈드 프로파일러**는 레이저나 음파, 즉 소리의 파동을 이용해 바람의 방향과 속도를 측정해요.

우리나라 서울 관악산 정상 위의 기상 레이더

라디오존데

하늘로 직접 날리는 기상 관측 장비도 있어요. 풍선에 무선 관측 장비를 매달아 보내는 **라디오존데**예요. 하늘 높이 올라가서 모은 공기의 온도와 습도, 바람의 속도와 방향 등의 정보를 컴퓨터로 보내 주지요. 풍선이 터지면 장비는 낙하산으로 내려온답니다.

지구 주위를 도는 인공위성 중에서도 날씨를 분석하는 **기상 위성**이 있어요. 태풍의 생김새와 크기, 움직임 등을 위성 사진으로 찍어서 보내 준답니다. 태풍을 만드는 구름이 어떻게 퍼지는지 한눈에 볼 수 있어요.

하늘을 날아다니며 기상 정보를 수집하는 특별한 비행기도 있어요. 미국에서는 **허리케인 헌터**라고 불리는 비행기가 직접 허리케인 중심에 들어가 정보를 모은답니다! 우리나라도 **기상 항공기 나라호**가 서해 위 하늘을 관측해요. 또 조종사가 타지 않아도 태풍을 관찰할 수 있는 작은 비행기인 **에어로존데**도 있답니다.

바다에 기상 관측 장비가 설치된 상자를 부표처럼 띄운 **해양 기상 부이**도 파도 높이, 바닷물 온도, 바람의 세기 같은 정보를 보내 줘요. 큰 배에 **선박 기상 관측 장비**를 달아 항해하면서 기상 정보를 모으기도 해요.

허리케인 헌터

해양 기상 부이

여러 가지 기상 관측 장비로 태풍의 위치, 크기, 바람, 기압 등 많은 정보를 충분히 모으면, 과학자들이 컴퓨터 프로그램으로 계산하고 실험해요. 그럼 태풍의 경로나 세기를 어느 정도 미리 알 수 있어요. 날씨는 변덕스러워서 100퍼센트 완벽하지 않지만, 과학 기술이 발전하면서 예측이 점점 더 정확해지고 있답니다. 이렇게 정보를 모으고 계산한 결과 태풍이 예상되면 사람들에게 알리기 위해 태풍에 이름을 붙여요.

맞아, 뉴스를 보면 항상 태풍에 이름이 있더라!

매미, 장미, 개미, 너구리… 재미있게도 다 **태풍의 이름**이랍니다. 태풍은 한 번 발생하면 며칠 동안 아주 넓은 지역을 이동하면서 큰 피해를 줘요. 그런데 뉴스에서 "제13호 열대 저기압이 오고 있습니다"라고 알리면 헷갈리겠지요? 하지만 "태풍 꼬마가 오고 있습니다"라고 이름을 붙여 전하면 훨씬 기억하기 쉽고 빠르게 대비할 수 있답니다.

처음에 태풍에 이름을 붙인 건 호주의 기상 예보관들이었어요. 자기가 싫어하는 정치인의 이름을 태풍에 붙여서 놀리곤 했대요. 오늘날 태풍의 이름은 아시아 및 태평양 지역의 여러 나라와 세계기상기구가 함께 만들어요. 우리나라를 포함한 열네 나라가 총 140개의 이름을 미리 지어서 목록을 만들어 놓았다가, 태풍이 생기면 목록에서 차례대로 하나씩 사용해서 이름을 붙여요. 140개를 모두 쓰고 나면 다시 목록의 첫 이름으로 돌아가요. 허리케인이나 사이클론도 그 지역 나라들이 만든 목록에서 순서대로 이름을 붙인답니다.

아주 큰 피해를 준 태풍의 이름은 다시 사용하지 않고 대신 새 이름을 만들어요. 우리나라에서 지은 이름 중에서도 태풍 '노루'가 2022년 여러 나라에 엄청난 피해를 입혀서 '호두'라는 이름으로 바뀌었어요.

태풍 이름은 일부러 약해 보이게 짓는다는데, 정말이야?

꼭 그런 것만은 아니에요. 태풍의 이름을 지을 때는 각 나라의 문화를 반영해요. 또 여러 나라에서 쓰이기 때문에 발음이 어렵지 않아야 하고요.

우리나라를 비롯해 많은 나라가 동물이나 식물 등 자연과 관련된 이름을 태풍에 붙이는 경우가 많아요. 미국은 허리케인에 남녀 이름을 번갈아 붙인다고 해요.

5장
수상한 히어로, 레스큐맨

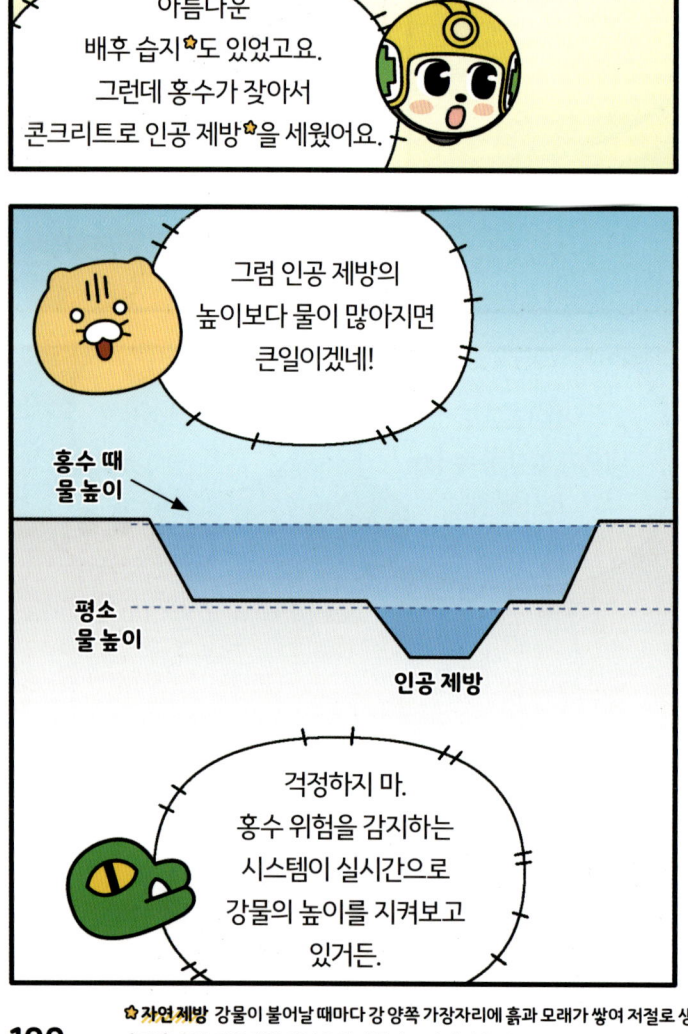

🌸 **자연 제방** 강물이 불어날 때마다 강 양쪽 가장자리에 흙과 모래가 쌓여 저절로 생긴 언덕.
🌸 **배후 습지** 자연 제방 뒤 낮은 땅에 물이 고여 생긴 습지.
🌸 **제방** 강물이 넘치지 않게 쌓아 올린 언덕이나 벽.

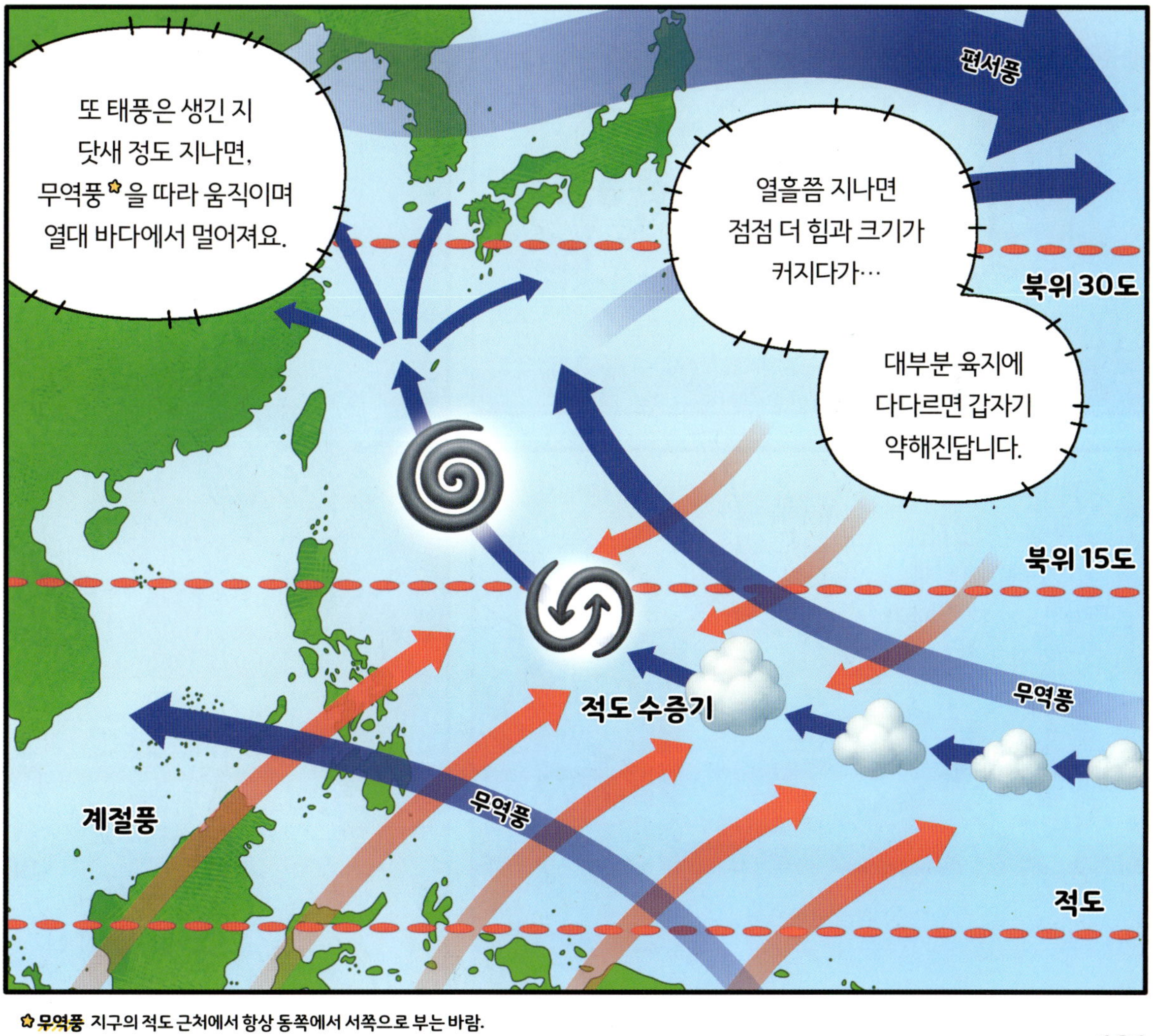

✿ **무역풍** 지구의 적도 근처에서 항상 동쪽에서 서쪽으로 부는 바람.

✿ **상류** 강물이 시작되는 위치. 보통 높은 곳에 있어요.

 세이프고의 안전 데이터

태풍은 어떻게 생겼을까?

 하늘 높이 떠 있는 인공위성으로 태풍의 전체 모습을 볼 수 있답니다. 태풍은 중심이 쏙 비어 있고 그 주변을 하얀 구름이 뱅글뱅글 도는 **소용돌이 모양**으로 생겼어요. 이 한가운데 뚫린 구멍은 눈동자처럼 생겨서 **태풍의 눈**이라고 불러요. 태풍의 눈에 들어가면 그곳은 신기하게도 바람도 약하고 비도 거의 안 온답니다. 심지어 맑고 푸른 하늘이 보이기도 해요!

하지만 태풍의 눈을 두껍게 둘러싼 **구름 벽**에는 몹시 매서운 비바람이 몰아쳐요. 태풍의 눈 속이 평화로운 건 바로 이 구름 벽이 바람을 막아 주기 때문이에요. 태풍의 눈이 지나가고 나면 다시 날씨가 궂어진답니다.

2005년 태풍 나비의 위성 사진. 소용돌이 한가운데에 동그란 태풍의 눈이 우주에서도 보여요!

태풍은 왜 소용돌이 모양일까?

그건 지구가 자전하면서 생기는 **전향력**이라는 힘 때문이에요. 프랑스의 수학자 귀스타브 코리올리가 발견해 **코리올리 힘**이라고도 불러요. 우리가 느낄 수는 없지만 지구는 항상 돌고 있어서 공기나 물이 똑바로 가지 않고 휘어서 움직이는 현상이 나타나요. 이때 나타나는 힘을 전향력이라고 한답니다.

그래서 바람도 직선이 아니라 휘어져서 불어요. 태풍은 바람의 속도가 무척 빨라서 바람이 계속 휘어지다가 소용돌이 모양이 되는 거예요. 지구는 서쪽에서 동쪽으로 자전하기 때문에 태풍이 북반구에서는 반시계 방향, 남반구에서는 시계 방향으로 회전해요.

전향력은 태풍의 회전 방향뿐만 아니라 이동 방향에도 영향을 줘요. 그래서 태풍이 북반구에서는 오른쪽으로, 남반구에서는 왼쪽으로 휘며 이동한답니다.

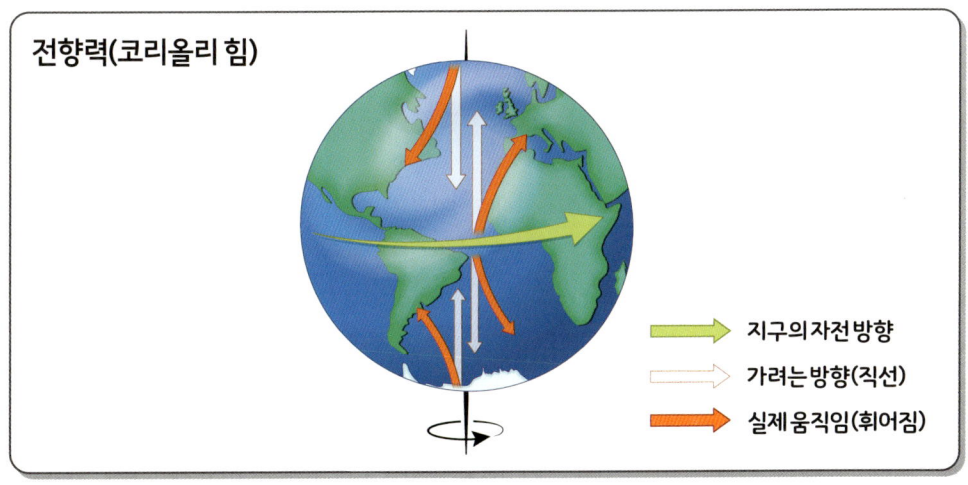

전향력(코리올리 힘)

→ 지구의 자전 방향
⇒ 가려는 방향(직선)
➡ 실제 움직임(휘어짐)

태풍은 빙글빙글 돌며 한 시간에 20~30킬로미터 정도를 가요. 달리는 자전거와 비슷한 속도지만 태풍 안의 바람 속도는 시속 150킬로미터가 넘기도 해요! 그래서 오히려 태풍이 느리게 움직이면 오래 머물러서 피해가 더 클 수 있어요. 허리케인은 범위가 좁은 만큼 강력해서, 철골로 만든 고층 건물도 부술 수 있다고 해요!

우아, 태풍은 도대체 얼마나 강력한 거야?

태풍 하나가 하루에 만들어내는 에너지는 원자 폭탄 수천 개가 한꺼번에 터지는 수준과 맞먹을 만큼 엄청나요! 강한 태풍 하나는 하루에 약 200조 와트까지 에너지를 뿜어낼 수 있는데, 이건 전 세계에서 하루 동안 사용하는 전력보다 클 수 있대요.

안전 지식을 점검해 볼까?

안전 마스터! OX 퀴즈

❶ 사막에서도 **모래 태풍**이 만들어진다. ········· O X

❷ 태풍은 덥고 습한 **적도 바로 위 바다**에서 자주 생긴다. ········· O X

❸ 태풍은 **바다에 사는 동물**에게도 위험하다. ········· O X

❹ 태풍이 강할수록 **태풍의 눈**도 더 커진다. ········· O X

❺ 허리케인은 **여성과 남성의 이름**을 번갈아 사용해 짓고 있다. ···· O X

정답

QUIZ ❶ X : 수증기가 많이 필요한 태풍은 물이 많은 바다에서만 생겨. 대신 사막에서는 모래 폭풍이 생기지. 봄철에 자주 발생하는 황사도 모래 폭풍이야.

QUIZ ❷ X : 적도 바로 위 지역은 전향력이 약해서 바람이 잘 회전하지 않아. 따라서 태풍도 생기기 어려워.

QUIZ ❸ O : 태풍은 육지 동물과 하늘을 나는 새뿐만 아니라 바다에 사는 동물도 위협해. 강한 비바람이 바닷속 환경을 갑자기 바꿀 수 있기 때문이야.

QUIZ ❹ X : 태풍이 세다고 태풍의 눈도 반드시 큰 건 아니야.

QUIZ ❺ O : 옛날에는 허리케인에 여자 이름만 붙였지만, 1978년부터 여자와 남자 이름을 번갈아 쓰기 시작했어.

6장
태풍이 지나간 자리

✿파상풍 상처를 통해 들어온 세균이 몸속 신경을 아프게 하는 병.

 세이프고의 안전 데이터

앞으로 태풍이 더 강해진다고?

 **지구 온난화**라는 말을 뉴스나 책에서 많이 접했을 거예요. 지구 온난화란 석탄, 석유, 천연가스를 태울 때 생기는 이산화탄소 같은 가스 때문에 지구가 더워지는 현상을 말해요. 자동차나 공장 등에서 나온 가스가 온실처럼 열을 가둬서 지구의 온도를 높이는 거예요. 최근에는 지구 온난화 외에도 산업 활동 때문에 발생한 다른 여러 **기후 변화**가 사람과 자연 모두를 위험에 빠트리고 있어서 **기후 위기**라는 말까지 나왔어요. 태풍도 기후 위기로 인해 이전과 같지 않을 거예요.

> 기후 위기로 태풍이 어떻게 바뀌는데?

 지구의 열이 바닷물의 온도를 계속 높이면, 수증기도 많아져서 태풍의 에너지도 커지지요. 그래서 바람의 속도도 빠르고 파괴력도 강력한 데다가 예측도 어려운 **슈퍼 태풍**이 점점 더 늘어나고 있어요. 그런데 태풍 안에서 부는 바람의 속도는 빨라지는 반면에, 거대한 태풍 전체가 움직이는 속도는 느려지고 있대요. 지구 온난화로 적도와 극지방의 온도 차이가 줄어들어서, 태풍의 이동 에너지가 부족해진 거예요. 그럼 태풍이 한 지역에 머무는 시간이 길어지며 비바람과 해일 등 피해가 더욱 심각해지죠.

2019년 슈퍼 태풍 하기비스의 적외선 위성 사진. 태풍의 눈이 무척 작고 구름 벽이 두꺼워요.

> 슈퍼 태풍 때문에 피해가 늘어난다니, 걱정된다…!

하지만 태풍이 가져다주는 좋은 영향도 있어요. 먼저 태풍은 지구의 더운 공기를 식혀 줄 뿐만 아니라, 지구 전체의 온도를 일정하게 만들어 줘요. 지구는 적도 주위는 뜨겁고 극지방인 남극과 북극은 차가워요. 태풍은 이런 열이 골고루 나눠지게 해서 적도 근처는 더 더워지지 않게, 남극과 북극은 더 추워지지 않게 해요.

또 태풍은 여름에 많은 비를 내려서 무더위와 가뭄을 해결해 주기도 해요. 그리고 태풍의 강한 바람은 바닷속 깊숙이 산소를 공급해서 바다 생물이 살기 좋은 환경을 만들어 줘요. 이처럼 태풍은 너무 강하지 않다면 지구의 온도를 조절하고 생명을 살리는 자연의 도우미가 될 수 있어요.

힘과 크기가 비슷한 두 개의 태풍이 서로 가까워지면 양쪽 다 약해지는 '후지와라 효과'가 생겨요. 우리나라에서도 1994년 태풍 더그와 엘리가 서로 만나 무더위와 가뭄을 해결해 줘서 효자 태풍으로 불렸어요.

> 좋은 일도 한다지만, 강한 태풍이 자주 오면 살기 힘들 것 같아.

맞아요. 과학자들은 태풍이 발생하는 횟수는 앞으로 비슷하거나 조금 줄어들 수도 있다고 해요. 하지만 피해는 더 커질 가능성이 높대요. 앞서 말한 것처럼 기후 위기로 인해 강력한 슈퍼 태풍이 점점 더 자주 생기고 있고 날씨도 예측하기 어려워지고 있기 때문이에요.

하지만 아직 늦지 않았어요. 전기 아끼기, 쓰레기 줄이기, 음식 남기지 않기, 일회용품 덜 쓰고 재활용하기, 나무 심기 등등 우리가 살아갈 지구의 환경을 위해 생활 속 작은 실천부터 시작해 봐요!

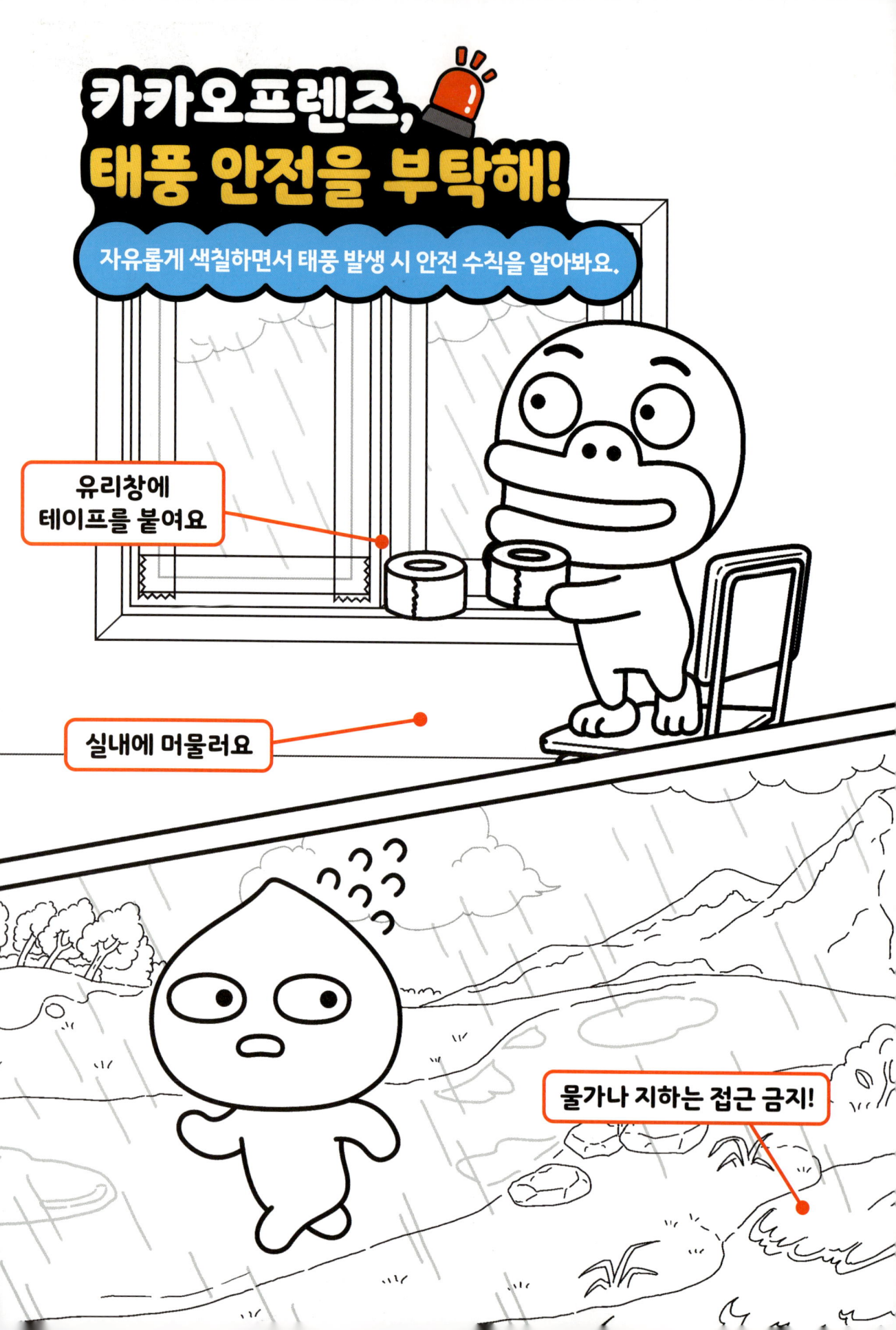

그림 및 사진 출처

93쪽 라디오존데: NOAA Global Monitoring Laboratory - Public Domain
93쪽 허리케인 헌터: NOAA Office of Marine and Aviation Operations - Public Domain
136쪽 슈퍼 태풍 하기비스: NOAA/NASA VIIRS Infrared Imagery - Public Domain
137쪽 후지와라 효과: NASA Earth Observatory (Goddard Space Flight Center) - Public Domain

※ 이 책에 실린 그림 및 사진은 게티이미지와 퍼블릭도메인입니다.

글 | 조주희 그림 | 우기연
원화 | 주식회사 카카오
정보글 | 김한아

1판 1쇄 인쇄 | 2025년 9월 5일
1판 1쇄 발행 | 2025년 9월 17일

펴낸이 | 김영곤
책임편집 | 우경진
프로젝트1팀 | 이명선 김현정 권정화 오지애 최지현 채현지 서세원
영업팀 | 정지은 한충희 남정한 장철용 강경남 황성진 김도연 이민재
디자인팀 | 한성미 임민지 **제작팀** | 이영민 권경민

펴낸곳 | ㈜북이십일 아울북
출판등록 | 2000년 5월 6일 제406-2003-061호
주소 | (10881) 경기도 파주시 회동길 201(문발동)
전화 | 031-955-2100(대표) 031-955-2177(팩스)
홈페이지 | www.book21.com

ISBN | 979-11-7357-326-2 74400

책값은 뒤표지에 있습니다.
잘못 만들어진 책은 구입하신 서점에서 교환해 드립니다.

Licensed by Kakao Corp.
본 제품은 주식회사 카카오와 라이선스 정식 계약에 의해
아울북, ㈜북이십일에서 제작·판매하는 것으로 무단 복제 및 판매를 금합니다.

- 제조자명 : ㈜북이십일
- 주소 및 전화번호 : 경기도 파주시 문발동 회동길 201(문발동) / 031-955-2100
- 제조연월 : 2025.09.
- 제조국명 : 대한민국
- 사용연령 : 3세 이상 어린이 제품